PRIMEIRA PARTE

DEDICATÓRIA

gorila

para mãe

"pensamento não tem porteira"
zé da pressa, meu avô materno

você me disse uma vez
que de todos os desenhos
o que mais amava era tarzan

me lembrei da sua infância
que acabei em mim criando
tal como colagem
ao longo dos anos

época afastada, ambígua
em que os livros eram fantasia
de um novo tipo de interior

você me disse uma vez
que quando pequena
era grande demais

mas tudo que disse
foi sem palavras
como numa mímica
como num silêncio

na minha inocente cabeça
naquela tv da vizinhança
foi onde você viu tarzan

mesmo que isso não seja
nem de perto verdade
ignoro os fatos
algo de família, afinal

para mim, para você
tarzan era liberdade
a aventura da natureza
aquela que o rodeava
aquela que te cercava

com o tempo me cansei
de te assumir certas coisas
talvez te limitar, me limitava
talvez você tenha passado a ser humana
de repente

ontem, sem aviso prévio
você veio me oferecer afeto
mais uma vez, daquele jeito
de quem sabe fazer bem o que faz

você fingiu ser uma gorila
que protege sua cria
como numa mímica
como na realidade

você disse que eu parecia o tarzan
me deu boa noite, foi para o quarto
não notou que comecei a chorar

cachaça

para pai

"'endurecido': distinguir de 'insensível'"
etty hillesum

sua voz vem lá de dentro
e toda vez me pergunta
se hoje eu aceito coentro
e eu respondo de novo que não

esse jogo me parece um afronte
um teste à minha paciência
em que eu nunca posso comer
sem antes te rejeitar

eu respiro fundo e penso
que é triste e conveniente
que até isso você consiga
levar para o pessoal

um dia ao pedir um bobó
sozinho no café com letras
comi sem saber do coentro
e engoli mais que a garfada

mas seus conselhos não vêm a cavalo
vêm na caminhonete 4x4
e pouco chega quando se quer
quase nada quando preciso

não descobri como fazer as pazes
de uma briga que não aconteceu
nem sei como remendar
quem não rasgou, mas desfia

sendo eu jararaca criada
mantive o bote sempre armado
só que não foi só a cachaça
que com os anos envelheceu em carvalho

e isso tudo que em mim pinga
me faz voltar à garapa
pois de açúcar não há só cana
também lembrança que me faz falta

* * *

nem acredito que te peço
pois demorei a ver que queria
o que eu sinto é o que eu verso
e o que eu verso o mundo cria

diz que me ama
só diz que me ama
coentro, cachaça e cana
diz que me ama
que eu serei
nobre como amburana

e pra terminar com uma lição
da cachaça tiro o lacre
sirvo as doses uma a uma
viro tudo, doce a acre

no asfalto
elas se perdem
ondulações
sacudidas
na vida
a terra é real
a estrada de terra
é a estrada que fica

querida

para dani

sempre exigi muito
dos outros
logo eu
tão propício a pressas

sempre exigi muito
das aberturas
até das pequenas frestas
que permanecessem
quase fechadas
portas janelas
e entradas

sempre exigi muito
de deus
que desse sinais
me amasse e me visse

sempre exigi muito
do tempo
que cortês
me aguardasse
tivesse um pouco
de piedade
ao menos
de mim

sempre exigi muito
da arte
que fosse capaz
de curar tudo
tudo que é meu
de todo o mundo

sempre exigi muito
de mim
que eu enfim
me respeitasse
que pelo menos
me tolerasse

sempre exigi muito
das canetas
que tivessem tinta
o suficiente
que só acabassem
na hora certa

não entendo
muito bem
acho
que só cansei
dessa história de merecer

nós

para paulinha

nós
em nós

como desfazer as amarras
as distâncias
iminências?
onde diluir as demoras
os desgastes
os apertos?

porque cansa
não cansa?
ser destemida
pra que fale agora
o distante vermelho
de mil novecentos
e oitenta e nove
sustentar essa
reputação de amante
separar o folclore
do seu para sempre
as meias-noites
das suas versões

ao afrouxar a tranca
do quarto constato:
me falta solidão
quando te escuto

planejada a viagem
nódulos se desfazem
na nossa tensão
nas mansas passagens
dos dedos
desestressados

meus cabelos
compridos
espichados e crescidos
me permitem
só agora
cortar cortes, trançar tranças

pois estes
somos nós
nós
somos nós

flores

para dindinha

"num dia como esse o sol é muito
mais forte que o passado"

halldór laxness
(também não sei pronunciar, não se preocupe)

em panelas de barro
douradas as pílulas
a sabedoria se come
em colheradas
num tacho de cobre
os doces de leite
a faca em punho
pequenos quadrados

ouço
no quarto à frente
fofocas
de todos os lados
suculentas
descendo janelas
onde não cabe
nem um recado

e o jardim
em que me lanço
possui rosas que cuidam
dos ipês de tia tê
dos antúrios e seus perjúrios

adentrado o orquidário
copos de leite nascendo de cravos
doces caules de magnólias
tulipas bebidas por buquês de lírios
tímidas pétalas de velhos hibiscos

mas você não colhe o que planta
não são essas as estações
jabuticaba vem da pitanga
pele de pêssego vem com mamão

assim, buscamos nos pés
nosso sustento, pois é impossível
deixar de lado um pano de prato
um descanso e um fôlego são inimigos

porém creio
no que acredito
e digo sem qualquer receio:
nada como uma flor
após um broto
nada como um dia
após o outro
e uma boa noite no meio

um

para lu e julinho

um primeiro contato
possui muitos
graus de apreensão
e expectativas
mágoas acumuladas
e reprimidas

um ano separados
exclama faltas
promete saudades
juízos quebrados
atrai inseguranças
retornos conturbados

um jovem namoro
começa a se firmar
na festa de família
turbulenta inserção
à cambada de gente
nomes desconhecidos
rodopiando bêbados
em grande furacão

um namoro maduro
te faz questionar
a vitalidade
do companheirismo
se essas brigas
viram casamento
se eu suporto no outro
os novos vícios

um matrimônio
implica uma casa
novas vidas
planos a dois
ou três ou quatro
pra sujar a louça
trouxas de roupas
sem renovações

um mero ano
vira uma vida
churrascos
copos lagoinha
carros elétricos
calopsitas
uma ana júlia
uma maria luiza
um poema
uma família

pai

para dió

nunca me vi como pai
nem de pet
nem de planta
nem de gente
nem de mim
mesmo

demorei a aceitar
todos os meus
traços paternos:
a teimosia
a impaciência
o nervosismo
e a carência

mas mudada
a casa
a cidade
o país
mudo uma planta
de lugar

mudo uma roupa
que não me serve
mais
essas mudas
as atuais
e as agudas

eu volto
depois que um bêbado
me diz
que eu sempre posso
voltar
para mim mesmo

voltar
tem sido igual
rir de piada
ruim com força
ou muito boa
aquela coisa
que me deixa
idiota
que é
estupidamente gostosa
e que principalmente
em breve nascerá

jenga

para suellen e willey

camadas de três
blocos de madeira
formam uma torre

mãos sem cuidado
cutucam a onça
com vara curta

logo de início
o corpo mole
cai num segundo

sem estratégia
meus dedos tolos
jogam o jogo

o jambu treme
e minhas mãos
fazem carícias

nessa tensão
se acumulando
nós pressionamos

faltam poucas
peças e sorte
para quem segue

o que tenho
a ganhar aqui
é só detalhe

em tempo instável
ar se segura
nos meus alvéolos

quase desmaio
finjo não ser
competitivo

daí me divirto
com o cessar
da brincadeira

pequena intrusa
pata peluda
desestrutura

em golpe seco
garras nervosas
dão o recado

no miado rasgado
fome felina
se faz presente

"quem pensam ser?
me deem sachê
seus incompetentes"

infantil

para os livreiros da minha vida

grandes sedutores
são contratados
para ocupar o "inofensivo" cargo
de vender palavras
amalgamadas
e só cai quem sou otário

então ler
e adquirir livros
são de estirpes muito distintas
e eu vou
semanalmente
explorar ambos os perigos

ao fundo
sempre ao fundo
(é impressionante, curioso)
me infiltro na seção infantil
nos bastidores dos bastidores

em meio a carimbos embalagens
tintas tesouras barbantes
ficam títulos coloridíssimos
alucinógenas edições vibrantes

no meio dos destroços
devoluções
de novo em caminhos errantes
sou mais um dos catarrentos
que toca em tudo que tem nome

livros pedindo
me leia!

me leia antes de abrir
me pegue mordisque aperte
me ouça me puxe
sou de colorir

tenho afetos antigos
por personagens
de universos intergalácticos
uma rata chamada ninoca
andorinhas e gatos malhados

nas estantes encontro o menino
o assovio e a encruzilhada
quando a noite chega
me pergunto
que som é que faz a girafa?

o pato, a morte
e a tulipa
estão em busca da alma perdida
atrás de amoras
vai pequeno príncipe
e a menina bonita do laço de fita

onde está o wally
ou a bruxa onilda?
no meio do seu matrimônio?
só tenho achado alguns diários
pilares egípcios
gregos peruanos

eu me divirto, sabe?
é sempre bom
passear nos primórdios da vida
quando a leitura
ainda nos era
atividade coletiva

trivial

para todas as professoras que tive

quando criança
eu era tudo
especialmente
perspectiva
era um projeto
de ginasta
historiador
e trapezista

adolescente
fui rebeldia
intransigente
e implacável
era um conceito
de melodrama
um caos
inquebrantável

na juventude
agora há anos
de fato estabelecida
posso enfim olhar para trás
fazer retrospectiva

vocês me deram
muitos pontos
poucos finais
várias partidas,
me sustentaram
não só a cabeça
mas pernas quebradas
e dores contidas

durante um tempo
eu planejava
como cair
no ponto certo,
me esqueci
que o mundo gira
e o trivial
com que eu flerto

no pontilhismo
são os detalhes
o próprio quadro aparente
e essas lentes
persistem clamando
pelo desfoque em acidente

a profundidade
de um campo
me parece a liberdade
que temos
de só vivê-lo
só senti-lo
só aceitá-lo

muito obrigado
pelo mundo
que fizeram em mim acessível
porque refletir sobre a realidade
é tão inútil quanto sonhar o impossível

acidente

para lúcia

me lembro bem daquele dia
em que pressionei carinhosamente
no meu pescoço suave beijo
de uma lâmina reluzente

relevados os infortúnios
não foram os piores instantes da vida
me pesa muito mais a lembrança
de outra espécie de ferida

recordo aflito o passar dos minutos
que me levaram à conclusão incrível
de que era sim totalmente lógico
eu me excluir do mundo sensível

me projetar sem qualquer impulso
duma noção que me protegia
depositou em mim desespero
e um tanto bom de arritmia

dali não havia volta
os neurônios me haviam traído
daquele instante pra frente seria
normal o desejo subtraído

antes, eu sempre achava
que meu instinto era que me blindava
só que fui desarmado de pronto
por pensamento, abstrato confronto

respirando sem aparelhos ainda
tentei te ligar, mas não atendia
falei com uma assustada bia
daí sua ligação me chegou

conversando senti o dardo
tranquilizante no momento propício
nem me lembrava do que era iminente
então volto aqui ao início

talvez a faca não tenha sido
dos elementos extraordinários
pois dos lábios escolhi afastar-me
fiquei foi com os nervos de aço

privilégio

para andré, meu primo

"haja coragem pra viver de você
longe de um pedaço de mim"
karlinha, minha prima, irmã de andré

dentre as coisas de família
numa caixa encontradas
você pega uma colher
que não é de prata

arrancamo-nos os olhos
com cuidado, cirurgia
e depois trocam-se os pares
inédita sinergia

nos pedi essa loucura
pois queria que pudesse
se ver no espelho dos meus olhos
que iridescem

mas então eu tudo vi
como se vivo em outra vida
cores diferentes das minhas
texturas nunca sentidas

procurei na caixa as fotos
e como eram diferentes
as pessoas ali presentes
difíceis de reconhecer

você disse que era incrível
enquanto lágrimas rolavam
dizia ser novo gosto
um outro cheiro, distinto tato

te ensinei naquele momento
pois queria que você soubesse
como fechar os seus olhos
sem ser em prece

quer dizer, eu tentei
porque eu mesmo não sei
se parei de ver por descuido
ou excesso de atenção

sem demora reagem organismos
à presença de um corpo estranho
voltamos aos antigos castanhos
que já pareciam remodelados

e mesmo que nesse momento
eles não tão bem se encaixem
temos reaprendido a enxergar
aos poucos, com outros pares

SEGUNDA PARTE

DISCURSO

soltas

para bia

o que fazer
com as pontas dos lápis
que mal começamos a usar
e já viraram tocos?

como usar
as pontas dos dedos
se as luzes estão acesas
desde o primeiro começo?

onde mirar
a ponta de lança
nesse breu que parece
tão limitado?

quando cortar
essas pontas duplas
se as luas se escondem
atrás das marés?

por que dar murro
em ponta de faca
se não é a mão que precisa
ser perfurada?

na ponta da língua
elas se acumulam
todas as respostas
pra todas as perguntas
e eu só sei que elas têm
aquele gosto
familiar
de fruta mordida

rosa

para patty

um dia acordei
vi a aurora
o céu e o silêncio
eram rosa
a paz e o sossego
cor de rosa
o planeta inteiro
iria parar

na cozinha a calma
me apavorava
o mundo mudo
cor de pitaia
chiclete pimenta
estou preocupada
a manga o salmão
o rosa neon

taciturnos tons
me assustavam
vinhos rosés
e apessegados
a mim muito mal
mal afeiçoados
voltei correndo
correndo pro quarto

na penteadeira
excessivo magenta
blushes, batons
iluminadores
paletas de sombras bem insistentes
em me perseguir
em marcar-me os rubores

voltei a tentar abrir o armário
pedir licença pra milhares de coisas
vestidos calcinhas blusas camisas
suéteres calças saias sapatos
blazers jaquetas macacões faixas
arcos cintos brincos colares
tênis saltos chinelos tamancos
shorts bermudas sandálias melissa
do antigo ballet, par de sapatilhas

acima de todos os travesseiros
em meio aos cabides com minhas roupas
encontrei pelúcias de tudo que é bicho
panteras leitões alguns elefantes
patas ratas gatos risonhos
alienígenas de antenas caídas
e ursos malvados sem coração

desorientada, entrei para o banho
retirei da orelha o aparelho auditivo
notei que ele havia se desligado
o rosa encerrou seu rude exercício

japonês

para victor

itadakimasu

quanto tempo! meu deus do céu
como vão as coisas? que bom te ver
o que que cê vai querer beber?
acho que hoje eu vou de saquê
tô um pouco precisado, entende?
uma garrafa deve bastar
me conta tudo, tá conhecendo alguém?
não? nem esse menino?
achei que cês iam dar em algo
ou que um ia dar pro outro...
enfim, que tal sashimi?
por favor, um outro hashi!
quero minhas unhas da cyshimi
pois é, ela não respondeu
acontece, depois vejo isso
eu? que que tem eu?
você conhece o meu jeitinho
não tenho critério que nem você
minha peneira é um bambolê
mas eu tenho que sair dessa fase
essa coisa meio kamikaze
cê aceita rolinho primavera?
amo vir aqui, essa atmosfera
finalmente chegou o seu drink
kanpai! ai que delícia
que tal esse salmão maçaricado
que dentro vem camarão empanado
ou cê prefere comer um polvo?
algo tipo um *octillery*
o que que você prefere?

acho que cê devia provar
um *omastar*, o *malamar*…
mas vamo nesse primeiro mesmo
você pode me ver um wasabi?
tenho estudado *wabi-sabi*, sabe?
tentado aceitar a beleza
despretensiosa e imperfeita
essa tal simplicidade…
nossa, já tá muito tarde!
é no crédito, aproximação
tô num processo de admissão
depois te conto, da próxima vez
que a gente sair pra comer japonês

gochisousama

silêncio

para alice utsch

habilmente calado
preencho dias com poucas perdas
e após você eu levanto
também a sobrancelha esquerda

fico em paz
em silêncio contigo
e agradeço o conforto que sinto
de não ter que ser conteúdo

pressiono os dedos, estralam
pensamentos me deixam aflito
pois no nada os melhores golpes
atinjo

que o silêncio corta, sabemos
mas será? seriam cordas?
ou lenços mantos tecidos
que abafam as vozes rasgadas?

mordo meus lábios enquanto você
se pergunta com os olhos cansados
por onde anda, o que tem feito
e depois, o que eu faço?

pra variar, eu espirro
da meada eu perco o fio
que nem sei do que se trata
você suspira, eu bebo água

talvez curioso seja
que nesse dia não estávamos
nos encarando, não estávamos
nem mesmo no mesmo lugar

crítica

para bernardo

o queridinho do ano merece
sua reputação é o tipo de filme
que eu amo
porém não
consigo exatamente
explicar o que é
que gostei tanto nele
assim
o que seguirá
será um exercício
(provavelmente mal escrito)
em colocar
em palavras
o que ele foi para mim

atrás do ato mais egoísta
e do desastre mais profundo
é feito link em aberto mundo
entre o sopro e o despertar
da natureza e do vento
essa característica atemporal
que apenas um clássico alcança:
as fases que pedem de você
suspensão de crença impossível

num pingue-pongue sem cortes
mudanças de foco promovem a calma
cinematográfica trilha sonora
orquestral desafio agressivo
bobinho. a atmosfera
colorida de charme inegável
embriagante ser amigável

caminha enorme com a sua
genuína voz entremeando
a realidade imaterial

uma mecânica bem inteligente
de um bigodudo encanador
encantador me incentivou
a explorar a esmo o mapa
do jogo. reconheço
sua grandeza definitiva
pecou e muito, isso não tira
seus outros méritos, fazendo qualquer
elogio externo soar redutivo

as cenas são lentas
dotadas
de uma preguiça bem saborosa
cuidadosa, assim como é
o verão enquanto o vive.
a magia do filme cristalizada
de praxe em sua duração fantástica
reverencia a imensidão

o gostinho que uma peça
tão graciosamente bem-feita
deixa em sua boca é muito
mais forte do que qualquer tropeço
que ela possa ter tido nela
na execução já estou escrevendo
este poema faz um bom tempo
e creio que já falei
tudo que tinha pra falar

aros

para balles

aquele doce azedo
parou de ser vendido
parece que esquecido
porque outros estão lá

fui à caça, loja em loja
sem sinal, nenhuma estante
suficientemente grande
pra eu me ater aos detalhes

enfeites que roubam meu foco
penduricalhos, minúcias
decorações, acessórios
uns trem aí, bugigangas

voltava pra casa tranquilo
sem pressa, alguma esperança
porém, bem resolvido
a anestesiar o sumiço

do meu aniversário bem perto
no fim do fim do outono
você contava sobre ho'oponopono
e eu me fingia despreocupado

eu te amo, sinto muito
me perdoe, sou grato
enquanto eu olhava pro lado
meio confuso, desnorteado

visto que o remédio faz bem
me perdi nos relevos que relevei
no final, raros aros achei
nem te contei, não comprei

sincericídio

para fabi

vou-me embora pra pasárgada
porque aqui não tem o que eu quero
que na verdade nem sei o que é
mas com certeza não é o que espero

lá ouvi falar que desejo
não tem objeto que o satisfaça
e um tal de sísifo tem um trabalho
que parece o meu, aquela desgraça

me contaram que onde termina sonho
começa a se inventar ilusão
mas tem coisa que nem tem início
parece pra sempre a frustração

disseram pra não tirar do tempo
o que a ele é destinado
caso contrário, não me assustasse
com o óbvio resultado

deixe que o tempo te lembra
deixe que o tempo te esqueça
mas nem existe noção de tempo
que acalme a minha cabeça

e eu me estresso com gente doida
e fico doida com gente estranha
fui me isolar num apartamento
sem qualquer quarto, nem mesmo cama

em que eu podia ao menos dormir
o que eu fui fazer ali?!
me consumiam paredes brancas
o chão, o frio: queria um tiro

gritaram lá da cozinha
(que eu nem sabia que existia)
entenda, cuidado com a força
ao forçar, é natural que quebre

e nessa hora eu vi jesus
que se fodam os meus chacras
porque paciência tem limite
enfim arrumei minha mala

e fui-me embora de pasárgada
só que pasárgada não existe
o problema é que ela insiste
teima em não sair de mim

itália

para lac

na minha frente
um prato
de macarrão
só um prato

então que eu coma
eu tenho fome
é só pegar o garfo
e comer
não tem segredo
só tem postura
que devo manter
não ficar corcunda
não sujar minha roupa
segurar os talheres
como gostaria
que fizessem comigo
com cuidado
com firmeza

mas dá tempo de comer tudo isso?
é suficiente pra todo mundo?
quem me preparou esse prato?
por que não ajudei na cozinha?

você consegue ouvir o som?
da cristaleira quebrando, as xícaras
as taças, as louças, a pia
caindo devagar, esmagadora?

o vazamento vem nos preenchendo
você me tranquiliza, me manda
continue, vai, continue
por que parar agora, pra quê?
engula tudo, não tenha preguiça
tenha decência, tenha graça
aproveite, aproveite agora
aprenda a apreciar, não inventa

eu só queria almoçar, não é difícil
mastigar esse prato, porcelana
não aguenta fogo, quem aguenta
tanta textura, tanta camada
não é lasanha, não é risoto
não é em italiano o que procuro
é comer, sabe? é só comer
é só um prato, entende?
não tem mais nada

eu tenho pisado nos cacos, eu tenho
abraçado estilhaços, eu venho
me jogando nas lascas, eu sinto
os cortes abrindo caminho

eu sei
eu ainda sei
"ei,
tudo bem?"
pior
que tudo certo

xeque mate

para luli

reparar um rosto
e não reconhecer
o olhar distraído
a sobrancelha em pé
o franzir da testa
ou porcaria nenhuma
é desconcertante
olhar pros movimentos
sem os mesmos trejeitos
excessivas velocidades
que não me alcançam
se deus quiser
se o álcool permitir
o toque diferente
o tom da risada
as gírias empregadas
a merda do sotaque
alguma coisa salva
nesse projeto de fofoca?
acreditava que não
que não tinha volta
porque queimei a largada
quando sentei na calçada
e chorei até
até desmaiar
te disse pra voltar
voltar depois
ou mentir a história
ou mentir qualquer coisa
porque né
pra que viver agora
o que posso sofrer amanhã?

porque com uma vida dessas
quem precisa de inimigo?
quem precisa de um amigo
pra cambalear em harmonia?
com quantas cervejas se faz
uma vergonha, um livramento?
com quantas latinhas se paga
a conta?
eu já cansei dessa bebida
quente até falar que chega
cansei de entrar em furada
em cilada
em pânico
dele batendo dentro
do seu quarto
ou lá fora
na rua
até no uber
também, eu não tô exigindo
demais não tô não, sabe?
eu tô é implorando de menos
eu tô exausta para um caralho
(que talvez não seja o seu)
mas eu cansei de me exigir
outros resultados
cê entende?
mais ideias
criatividades
civilidades
eu só não ligo
o suficiente
você me poupe
de mim mesma
pelo amor de deus
só me chacoalhe
só me apoie

ou só me pare
você me pare
você hein
me pare
antes que eu vire esse litro
e os outros três
de xeque mate

abraço

para doyle

um abraço começa
na escolha do tecido
uma piada ruim
na escolha da risada

no tricotar
no te cortar
pontos reticências
brilhantes transparências
moletons sobre tons

deixar prontos os clichês
do termos sido vestidos
de velado veludo
agasalhos
ora sim, algo dão

sem cabimento
sem caimento
me peça me renda
me seda me malha
metros a atravessar
costa costura
oceano atlântico

durabilidade a moldar tecelagem
modelos
epitélios
fibras naturais
e até sintéticas
se fiam
se entrelaçam
para que num filme
de terror
ou num terror
de filme
a gente grite
de rir
e tudo fique
nada escasso

irmandade

para giulia

eu prometo
solenemente
guardar no coração cravejados
os ornamentos purpurinados
daqueles carnavais passados

estimarei
humildemente
porta copos de crochê
seus vestidos de lamê
o que vier de macramê

partilharei
discretamente
informações edificantes
de vidas meio distantes
especialmente aquelas gestantes

exercerei
lealmente
caminhadas corriqueiras
trilhas de domingueiras
saideiras cachaceiras

seguirei
cegamente
toda e qualquer dica
lúdica médica ou jurídica
almejando me tornar mais rica

nutrirei
finalmente
a plena consciência
do não dito como anuência
dessa leve coexistência

gloss

para angela

caso do acaso bem-marcado
o que o futuro nos diz?
será dia dos enamorados
ou cria de imperatriz?

nos reserva a casa um
seguinte posicionamento:
mundo de cabeça pra baixo
grande desapontamento

a casa dois vai nos dizer
sobre sua oposição:
ela indica bom presságio
sucesso, iluminação

logo acima, a casa três
aponta as soluções:
invertido o enforcado
abandone distrações

abaixo a quarta carta
mostro o que virá:
feitiço do mago sugere
canalize, pois vibrará

para então sintetizar
apresento a carta cinco:
autoridade de imperador
vá com tudo, gire o trinco

só peço que tome cuidado
não derrube na mesa seu gloss!
pois se ele grudar no baralho
imprevisível o que vem após

leitura

para fernanda

e pensar que existem pessoas
engraçadas em línguas que eu nem
conheço amores possíveis
em lugares que jamais irei

e em que já fui, me ensinaram
o medo não me foi enfiado
goela abaixo o viscoso amargo
agridoce doce salteado

entender onde começa o céu
acima das nossas cabeças
ou a distância entre o seu
deus e o meu
as diferenças

andando na rua ainda noto
capturando o olhar alheio
aos meus detalhes
os meus defeitos
as minhas formas de evitar

pisar com cuidado é pouco
controlo o que parece o todo
correndo como perseguida
em avenida que me iludia

chego em casa e não reparo
em nada que me foi destacado
mas não sei
nunca relaxo
te seguir é desobedecer

voz / para clarice

como é difícil errar
tentando nomeá-lo se
válido ainda é uma palavra
importante pra mim

eu não sei se alguém
tem que me permitir
alguma coisa onde acaba
essa angústia eu não vi

se estou me adaptando
me enfiando num buraco
enorme sem fundo que
não sei se chamam assim

o que tem do outro
lado
se existe um?
complicado

ser tudo que se é pegar
na mão e falar isso
é meu isso é do mundo
o mundo tá dentro disso

viver tentando entender
que falta eu vou fazer um dia
se eu decidir não ser mais
alguém eu só quero amar

oferecer amor pra tudo
paciência no dia mas como
interagir com cada pessoa
sem tirar dela algo que eu

quero é tão estranho é tão
repetitivo viver o negócio
processo que não tem não é
resposta não parece ser

ter nada no fim não parece
ter nada palpável mas tudo
é tão importante e nada
é demais.

você vai rendendo aquilo vai dando
deus como é peculiar como
é insatisfatório como é difícil
ser alguém até você não

até ser ninguém não consegue
aceitar uma coisa você
não consegue aceitar você tenta
o amor de mais gente eu acho

tô cansado e olha que acabei
de comer então não é fome
mas eu só queria e não posso
pedir mais sinais tive tantos

sinais eu só tô procurando
mais paz porque senti o gosto
disso o gosto de realmente
esquecer sem dor realmente

só deixar ir e ir enquanto
eu ficava e é frustrante é
é chato é isso e eu falo
que falo que não tem mais

o que falar já se esgotaram
as coisas já tudo já
foi dito e redito mas
o tempo que passa é sempre

novo então sempre tem
algo de novo que se pode ser
introduzido ser apresentado porém
o que fazer com esse tempo isso tudo

que tem em mim o que pontuar
pegar beliscar torcer como
sentir depois de tanto sentir
pior que eu tô doido pra

viver o amanhã
como pode?

alegria

para ana

“porque um dia ainda
minha vida vai ser assim:

uma casa bem espaçosa
com uma vista de dar inveja
só que sem a parte da inveja
porque não precisa ser desse jeito

dois cachorros ou três ou quatro
todos ao meu redor, esticados
um mordendo um velho sapato
os nomes já foram dados!

a pantufa é a branca felpuda
a baunilha magrinha amarela
a canela é a marronzinha
e o chá meio tagarela

a cozinha bem arejada
janelas grandes, iluminadas
de mármore a bonita bancada
geladeira grande abastada

na suíte uma enorme cama
o máximo que der de travesseiro
o closet num outro quarto
banheira modesta em meu banheiro

um escritório todo organizado
um jardim muito bem cuidado
um marido supercarinhoso
e um trabalho maravilhoso”

você me descreveu esse sonho
sem ter conquistado moeda
mas quem te conhece sabe
que isso era tudo real

porque nenhuma poliana explica
o que muita ana diz

paciência

para letícia

passo o passo a passo
num longo áudio
de como ser paciente
no seu encalço

tomo a dianteira
antes que eu caia no caos
repito a rotina inteira
aos poucos subindo os degraus

mas muita coisa não
se encaixa, tento ficar
vigilante, meio sem ar
nervosa, não me importar

se faz sentido ou não
se pego ou largo de vez
se chata, vou insistir
se é isso que eu quero aqui

despenco nos recomeços
me quebro nos equilíbrios
pois quero engatinhar
deitar, não correr, andar

aprendendo no chacoalhar
se o balanço é traduzível
o que eu faço, o que eu grito
qual angústia vou perturbar

mas hoje eu vou me doar
ao próximo que perguntar
bom dia, boa tarde, boa noite
como posso ajudar?

confiança
para barros

existem diferentes sons
uma só palavra
possíveis encaixes
mesmo que enxerguemos
letras rígidas
formas estáticas

encontram-se imagens ambíguas
em que se são duas coisas:
caveira e casal feliz
menina e velha moça

há diferentes nortes
diferentes dias
diferentes luas

acham-se melhores ângulos
meias verdades
mentiras cruas

persistem os confidentes
os confiantes
os conflitantes

tensas as confusões
reenlaçam-se concretos amantes

existem pessoas
e pessoas
existem tempos
e lonjuras
existem braços
e abraços
existem amigos
existem curas

onça / para amanda

como me amolece
a recôndita memória
do fundo da sala
na aula de história
você desenhando
por tudo que é canto
ao som de lições
do império romano

um longo rabo
orelhas pontudas
traços laranja
formam a figura
da nossa onça
protagonista
aventureira
e multiartista

me parecemos
tão criativos
pois onça alada
virava dragoa
e é engraçado
pensar também
o companheiro
boneco-palito
com a cabeça
de pac-man

observava
tudo aquilo
enquanto virava

dentuço esquilo
reparando até
seu lindo cabelo
rabo de cavalo
sempre bem preso

e no fim tudo
faz sentido
sua biologia
é algo lógico
era animalesca
aquela escola
reforço o clichê:
verdadeiro zoológico

meu fofo pen-drive
de golfinho
viciante jogo
do peixinho
cobras sibilando
ao ar livre e formol
lagartas no campo
de futebol
e, inclusive,
os que na época
era quem tínhamos
pra chamar de gatos

não é preciso
um microscópio
nem relembrar
outras pinceladas
o que tá guardado
é muito óbvio
simplesmente amor
por pessoas amadas

chá

para priscila

insisto em tentar entender
quem é esse você
que eu tanto quero

essa voz que não ouço
me ninando a insônia
e eu pensando se é sincero

com um toque sem medos
você pega minha mão
e aos poucos dedilha segredos

os seus olhos leitosos
nos enxergam no espelho
outra primeira vez por inteiro

na sua língua o chá
deixa a boca oca
seu sabor sabe-se passageiro

perfumado o pescoço
os seus ventos desdobram
as voltas do meu cabelo

num instante martela
no meu coração
aquilo que chamo sossego

no seguinte retorna
para seu lugar
tudo que é traiçoeiro

se eu pudesse faria
menos difícil
o amor que foi escolhido

e em mim encontro
numa brincadeira
o caminho que tinha partido

pássaro

para luísa quintão

encarando por muito tempo
a visão de mim mesma no espelho
procurava por uma paisagem
que consumisse aquela imagem

não uma que eu conhecesse
mas uma que eu alcançasse
de longe o toque da mão
em mim se fez miragem

alçando voo no azul
à procura do que é feliz
penteava meus longos cabelos
suprimindo todo o frizz

alheia a seus motivos
até dos meus afastada
eu colhia o que parecia
ser uma raiva enclausurada

aplicando em mim um rímel
à prova d'água, que eu detesto
me perguntava se os seus dedos
seguravam ao menos o resto

na sua palma ainda havia
algo que eu sentisse perfeito?
foi tudo ao mar, foi tudo ao vento?
o fôlego ultrapassou a fronteira?

decidida calcei minhas botas
quando o sol no oeste se punha
o que era nosso se tornou dois
só era carne, só era unha

shots

para gisele

cutucaram-me o ombro
sugerindo que havia
sido o bastante

"já deu por hoje
já misturou tudo
foram shots
além do demais
tá passando vergonha
pagando mico
na frente dos outros
e até atrás"

com um meio sorriso
devolvi minhas costas
a quem não merece
minha cara a tapa
sei o que passei
pra chegar aqui
e não passarei
do ponto final

em amizade
que perdeu sentido
pois se perdeu
nos caminhares
em relacionamento
tornado inviável
que insisti
em sustentar

consigo deixar
festas ruins
desligar o som
da minha casa
abandonar conversa
demasiado longa
com pessoas
exageradamente falsas

cortar um olhar
que vai render
só dor de cabeça
um oral meia boca
renunciar ao cargo
desgastante na empresa
lugar de encaixe
por conveniência

abandonar uma frase
mal formulada
antes de
a terminar
acabar com uma briga
entre dois goles
entre garrafas voando
no meio do bar

matar um sonho
desbotado
que venceu
não surte efeito
impedir mão boba
ou a que oferece
pseudoperdão
algo violento

encerrar o contato
restabelecido
pra dizimar
a terra arrasada
eu me dedico
a aprender com o tempo
eu sei de cor
as tabuadas

não se preocupe
em mim pelo menos
você pode
vai confiar
eu sei ver
em qualquer relógio
qual é a hora
de parar

TERCEIRA PARTE

DESPEDIDA

delicadeza

para flávio

eu já abri muitos cadeados
por saber como segurá-los
mesmo que eu não soubesse
que estavam trancados

eu já toquei em muitas feridas
com cara de cicatrizes
sem que compreendesse de fato
como a curiosidade mata o gato

é natural que você aprenda
caso permita
que nenhuma armadura é capaz
ou sequer deve
separar-te de ti

é natural que você entenda
que nadar com os pés tocando o fundo
não é exatamente impossível
mas nunca será nadar

seria bom se você enxergasse
primordial o seu vomitar
que dele respingos recaem
em quem se dispôs a limpar

aos domingos
no encontro das mãos
eu queria que a porta ficasse
pouco mais que entreaberta
pouco mais que mais um impasse

depois de tanto nos ensinarmos
nos aprendermos
desvencilharmos
nos encaramos de rabo de olho
nós nos tocamos a sete palmos

aqui, com todo o sentimento
relutante, reconheço:
o amor só pode ser
sobre saber reencontrar

me fere o orgulho ter que admitir
que eu já quis saber te esquecer
mas sejamos honestos, não muito
te escondo o que é pontiagudo

de que me serviria o olvido
se hoje eu posso aceitar
aquilo que é memorável
que é tão delicado demais

apocalipse

para andré silva

se eu tivesse a força
para esculpir o tempo
o que faria
com a eternidade?

se eu conseguisse ver o futuro
e voltasse todas as vezes
como saberia ser
alguém que sabe ficar?

se eu reabrisse essas portas
que eu mesmo fechei
quão feliz seria ao sentir
na garganta o gosto do orgulho?

e se eu conseguisse um momento
e soubesse me abandonar?
e se tudo não fosse viver
e eu pudesse respirar?

e se eu encontrasse mais dessa pele
onde pudesse tocar
por baixo desses curativos
que insistem em me abraçar?

e se eu me apegar ao seu colo?
e se eu me perder no passado?
se meus sonhos não mais me inundarem
quem serei?

não sei, não posso saber
cansei de retroceder
nesse eterno interno labirinto
que é ser

só quero
no fim do mundo
aquele seu toque agora
e sentir
nos meus ombros
o mar

olhares

para amaral

histórias inacabadas
ou inacabáveis
me levam a caminhos
vazios
que não cessam
de se dar fim

se um dia ainda
envelhecermos
o teremos feito
surpresa!
com algum toque
de maestria

você vê medo?
nesses olhos?
sentenciosos?
vê pânico?
indiferente?
desprezível?

e eu?
que vejo?
vontades?
impaciências?
tremores?
por novidades?

fazemos perguntas
aos montes
daquelas perguntas
mais óbvias
das que ainda
não se aceitam
quaisquer retruques
quaisquer respostas

nos desviamos
deturpados
deslocados
desdobrados
divergentes
demorados
devagares
destrinchados

quem vê
até pensa
nos entendermos
quem entende
até vê
os pensamentos
quem pensa
até entende
que não nos vemos

cena

para scarano

esgueirando-me entre lápides
arrasto os restos da carne
em meio aos ossos
às cartilagens
vísceras marinadas em sangue

atrás de um jazigo
túmulo
local muito bem obscuro
depósito de carcaças, miúdos
vislumbro o trabalho soturno

sem enxada, pá, picareta
uma colher ou garfo que seja
inicio os serviços, capino
com as mãos que tenho
e as unhas

desesperado pra ter paciência
apressado destoo do solo
que se faz terra
grão a grão
que se faz terra
lado a lado

putrificado, o ar dá passagem
ao frescor de quem decompõe
a morte a terra recebe
o que ela cria ela sabe onde foi

os braços, patas, falanges
cansados saem de cena
entram os membros inferiores
extremidades, proeminências

na surdina insisto e cavo
cavo poços, cavo buracos
calosos pés
feios e fracos
cavucam os vagos vácuos

e o pequeno abismo se abre
se faz presente
se faz destaque
as rachaduras, os machucados
delineados por calcanhares

após todo o esforço arraigado
o corpo jogo pra dentro
meu repouso, meu remanso
enfim meu eu, eu descanso

cantada

para sérgio

não surpreende
mas assusta
eu só ter cantado
desafinado
pra você

outro poeta
outra escrita
outro sensível
outro prazer

você sabe
ser mais
o que tem
a merecer?

a vela queimada não nos matou
aquele quarto não é mais meu

a gente expressa
como comanda
o sentimento da beleza
ao tentar
nos devolver
as emoções de outras épocas

se me relembra
gratuito
que sou gentil
associo
fácil
uma alma boa

e para que eu
não perca tudo
que ecoa
hoje eu limpo
com minha voz
os nossos cantos

agressivo / para marcus

"you are the answer, bitch"
leiomy maldonado para brooklyn juicy couture

talvez
algum dia
alguém me prenda
pelos olhos
me diga
sem resquício de culpa
"você
é a resposta"

se esse dia chegar
se eu tiver a sorte
de acreditar
nas palavras
então o soco
o soco bem dado
terá sido bem sussurrado

tem dias que quero
arrancar minha língua
cortar meu nariz e orelhas
quebrar todos
os dentes da frente
não que eu me importe
ou me odeie

tem dias que eu quero
virar carcaça
para saber o que é isso aqui
desejo não indisponível
aparente torre de marfim

anseio passar esses dias
inteiros dentro do vazio
ampliado
sem que ele deixe
foragido
de ser livre

outros dias quero
beijar minhas mãos
amar o meu coração
esse pedaço dormente de carne
que, por enquanto, me é

e dançar
e chorar
e rir
porque esse sim é o prêmio

que me chamem de tudo
que é nome
que é inferno
que é feio
e que não é meu
porque eu confio na resposta
que você há de ser

teatro

para gui diniz

prelúdio
preâmbulo
preliminares
aos gestos espetaculares:
entre o ato
e o silêncio
surgem irradiações solares

as desventuras do seu olhar
fazem os sentidos flutuarem
sem rigidamente determinar
formas símbolos
imediatismos
nas brechas nas fendas
nos interstícios

o significado das coisas
espanca!
se instauram mergulhos quiméricos
pouco a pouco
imprimindo
com paciência
traços contornos
as suas materialidades

não se busca ilustração fidedigna
nem uma mímesis realista
performances estabelecem demandam
um tempo outro
condensado

inventivo crítico diálogo
gera ambiguidades, polissemias
variações livres
associações
experimentais itinerantes inventores
carregados por intenções

banhados pela sua presença
adentramos na sequência o jogo
atraente e indecifrável jogo
caleidoscópica fisicalidade
se sobrepondo fluidamente
ao rito que se desenrola

embaladas,
não como num texto,
copiosamente
virgulado,
repleto
de pausas,
e respiros
não dispostos
tampouco impostos
mas arranjados à meia-luz
pintados com meias-tintas
rasurados os binarismos

deixe de lado
quem se cimenta
quem se enrijece
é só picuinha
o horizonte da cena é outro
tem palavra que não se sublinha

bordada
para alice satorno

como todo animal
minhas partes não nobres
são as mais difíceis de apreciar

o cutelo armado
em mim intricado
me traz respostas
que não quero dar

quanto de mim
ainda preciso
arrancar pra ser
quem de fato devia?

porque todo mundo
tem seus buracos
em que se segura
pra não padecer

mesmo que estejam
até o talo
preenchidos com sangue
cartilagem e catarro
sujo minhas mãos
e não as lavo
por qualquer coisa
qualquer descaso

quando não estou
me enfiando
entrando e saindo
mais uma vez
me acumulo
menos vazio ou oco
menos vento
ou menos sopro

mas de tempos em tempos
permito-me cair
no meu ego inerente
pra que a inconsciência
me envolva e alimente
me resguarde e abrigue
como mãe me placente

lá de mim dentro
bordo bordados
íntimos
intrincados
me reinventando
remendado
fio a fio
talho a talho
a cozer
o coser

o luto me abre
pra outras libidos
tenho tanto
a te oferecer
mas se goste
se defina
sempre sempre
prefira você

corpos?
muitos tive
um amei
outro transmutei
e ainda
que se partam os trens
tu
não te quebras em ti

fracasso / para mim

"seu silêncio não vai proteger você"
audre lorde

nenhum toque
nenhuma visão
se sustenta com o passar do tempo
e a vida continua a ser
exclusivamente sobre isso

nenhuma falta completa o homem
no meu novo mundo tenho aprendido
no instante seguinte
a verdade nasce
quando acaba a festa
se tira a maquiagem
logo depois do flash
ao se adentrar no escuro

e dentro do escuro
a dúvida
o que fazer com a luz
enquanto acesa

abraço minhas pretensões
faço caras e vozes que odeio
sinto o pé tocar minha mão
e o não tocar o anseio
de que os olhos se acostumem
transformem treva em brilhante
porque o conforto
só acho engraçado
é o que me fixa em ir adiante

onde não há nada além dele
do respirar
outro vício
tão familiar
inteiriço
porque sabe demais o que sei

desimportante, aprendi ser feliz
ou, pelo menos, tentar
quando aceitei o fracasso
fútil, frágil fracasso

entendi, era ninguém
pra infinidade enorme de gente
e, mesmo assim, ciente
não devo aceitar o medíocre
só sê-lo, vulgarmente

demorei tanto pra me amar
e me amar é bem difícil
me esqueci, teria ainda
vida depois pra viver
em que eu não me abateria
em que eu não me puniria
por qualquer motivo fosse
que inventasse no dia

precisei, eu diria
matar a nostalgia
me banhar na sua conquista
nas derradeiras lágrimas
aprender que o passado
não era glória, divindade
mas a carne que se faz hábito

tudo mudou quando vi
que seria a morte quem pegaria
minha mão, me mostraria
o que era ou é a vida
mas nem ela me daria
a validação tão querida
ou embora os levaria
meus preciosos pecados

antes que ela me ponha no colo
e eu me encaixe em seu abraço
antes que eu sinta o seu toque
me acariciando enquanto me puxa
espero que eu a olhe
como ao espelho, transparência
da qual eu apenas não veja
outro lado

que eu saiba sorrir de volta
mesmo que com ironia
porque no fim do dia
ser hipócrita é fácil
eu quero mesmo é ser
contraditório
fracasso

FSC
MISTO
Papel
FSC® C092828

2023
CARBON
NEUTRAL
SAVE
cerrado

[1ª Edição 2024]

Esse livro foi composto em Filosofia
e impresso em papel Avena 90g/m²
para a Quixote + Do Editoras Associadas